Tous fous de crème !

Tous fous de crème !

Avec les dessins de Stijn Claes

CHANTECLER

Luc

Connais-tu Luc ?
Il adore cuisiner.
C'est un fou de la poêle !

Luc est un peu enrobé.
Il mange trop.
Beaucoup trop !

Luc ne mange ni poule,
ni coq,
ni mouton, ni cochon, ni poisson.
Ah, non !

La maison de Luc

Luc habite
avec Poussi le chat.
Sa maison est jaune.

Il y a aussi une grange...

... pour Cocorico, le coq
et Picoti, la poule...

... pour Doux et Doucette,

... et Groin,
le cochon.

Bloup et Gloup vivent dans un bocal.

Envie de crème !

Luc adore la crème
à la confiture.
Quoi ?
C'est bizarre !
Quelle idée !

Luc pose une énorme casserole
sur la cuisinière.

Puis il prend le pot de confiture.
Mais zut et zut...
Le pot est vide !

Pas de chance !
Quel malheur !
Je veux de la confiture.
Mais le pot est vide !

Doux et Doucette

Voici Doux et Doucette.
Doux est un agneau
et Doucette une agnelle.

Hop ! Hop !
Ils sautent et bondissent.
Comme ils s'amusent,
tous les trois.
Mais qui va là ?
Ne dirait-on pas Rusé-Renard ?

Rusé-Renard

J'ai une idée !
Je prends un sac.
J'appâte le renard
avec du fromage.
Et hop ! Il sera pris.

Rusé veut manger Doux
et Doucette.
Quelle horreur !

Luc a trouvé un sac.

Et hop !
Rusé entre dans le sac.
Est-il vraiment rusé ?
Luc, quant à lui, est tout content !

La forêt

Luc est dans le bois.
Il porte le sac.
Il y a Rusé dedans.
Enfin, Luc relâche Rusé.

Le renard s'enfonce
dans la forêt,
bien loin, très loin de Luc.

Mais que voit Luc ?
Une mûre !
Et encore une !
Chouette !

Les mûres

Où ai-je laissé mon sac ? Ah, le voilà ! Je vais le remplir de mûres et encore de mûres. Puis je ferai de la bonne confiture !

Le sac se remplit,
le ventre de Luc aussi...

Enfin, Luc rentre chez lui...

près de ses amis
Doux et Doucette,
Groin le cochon,
Cocorico et Picoti,
Poussi le chat
Bloup et Gloup.

La confiture !

Luc cuisine.
Il veut de la confiture.
La casserole est sur le feu.
Luc y jette une mûre.
Et encore une !

Soudain, surgit
Poussi le chat.

Luc court auprès de Groin.

Je suis triste
et bien sot.
J'étais sur le tonneau
et boum... !

J'appelle Anne.
Anne sait toujours
ce qu'il faut faire !

Un comprimé pour Groin

La sonnette retentit.
C'est Anne !

« Viens vite dans la grange.
Groin s'est fait mal.
Il est tombé du tonneau. »

Montre-moi ta patte.
Elle est enflée.
Voici un comprimé.
Ça ira mieux.

Groin se porte mieux

La patte de Groin va mieux.
Elle n'est plus enflée.
Groin est tout content.
« Merci Anne ! »

Anne goûte la crème.
Elle est bonne !
Luc est un vrai chef !

Luc en mange aussi.
Mais il en mange trop...
comme d'habitude !

Bloup et Gloup

Voici Bloup.
Il nage dans le bocal.
Voici Gloup.
Il nage aussi dans le bocal.
Le bocal appartient à Luc.
Luc aime ce bocal.
Bloup et Gloup aussi.

Bisou, bisou.
Luc est content !
Un bisou de Bloup !
C'est gentil.

Anne veut un bisou

Mais que se passe-t-il ?
Anne a l'air bizarre.
Elle est triste.
Va-t-elle pleurer ?

Et pour moi, Luc ? Pas de bisou ? J'en veux un aussi, de toi !

D'accord, Anne ! Je te donne un bisou.

Anne et Luc sont amoureux

Luc a une idée.

Vive la fête !

Il est tard.
Le soleil est parti.
La lune est apparue.

Luc est encore éveillé.
Anne est avec lui.
Poussi est encore debout.
Cocorico et Picoti ne dorment pas,
ni Doux, ni Doucette, ni Groin.

La fête est très réussie.
La crème est délicieuse !

Poussi grimpe sur le tonneau.